Organismos consumidores

Grace Hansen

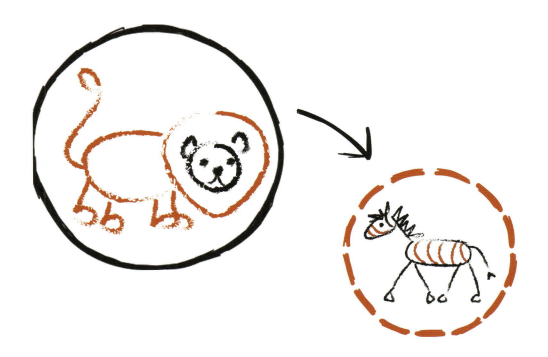

LA CIENCIA BÁSICA: LA ECOLOGÍA

Abdo Kids Jumbo es una subdivisión de Abdo Kids
abdobooks.com

abdobooks.com

Published by Abdo Kids, a division of ABDO, P.O. Box 398166, Minneapolis, Minnesota 55439. Copyright © 2021 by Abdo Consulting Group, Inc. International copyrights reserved in all countries. No part of this book may be reproduced in any form without written permission from the publisher. Abdo Kids Jumbo™ is a trademark and logo of Abdo Kids.

Printed in the United States of America, North Mankato, Minnesota.

102020

012021

Spanish Translator: Maria Puchol

Photo Credits: iStock, Shutterstock

Production Contributors: Teddy Borth, Jennie Forsberg, Grace Hansen
Design Contributors: Dorothy Toth, Pakou Moua

Library of Congress Control Number: 2020930662

Publisher's Cataloging-in-Publication Data

Names: Hansen, Grace, author.

Title: Organismos consumidores/ by Grace Hansen;

Other title: Consumers. Spanish

Description: Minneapolis, Minnesota: Abdo Kids, 2021. | Series: La ciencia básica: la ecología | Includes online resources and index.

Identifiers: ISBN 9781098204310 (lib.bdg.) | ISBN 9781098205294 (ebook)

Subjects: LCSH: Food habits in animals--Juvenile literature. | Animal feeding behavior--Juvenile literature. | Food webs (Ecology)--Juvenile literature. | Ecology--Juvenile literature. | Spanish language materials--Juvenile literature.

Classification: DDC 577.16--dc23

Contenido

¿Qué son los consumidores?.... 4

Consumidores primarios........ 8

Consumidores secundarios 12

Consumidores especiales...... 16

¡A repasar!................... 22

Glosario...................... 23

Índice........................ 24

Código Abdo Kids............. 24

¿Qué son los consumidores?

Los consumidores son una parte de la cadena alimenticia. Las cadenas alimenticias muestran cómo fluye la energía a través de un **ecosistema**.

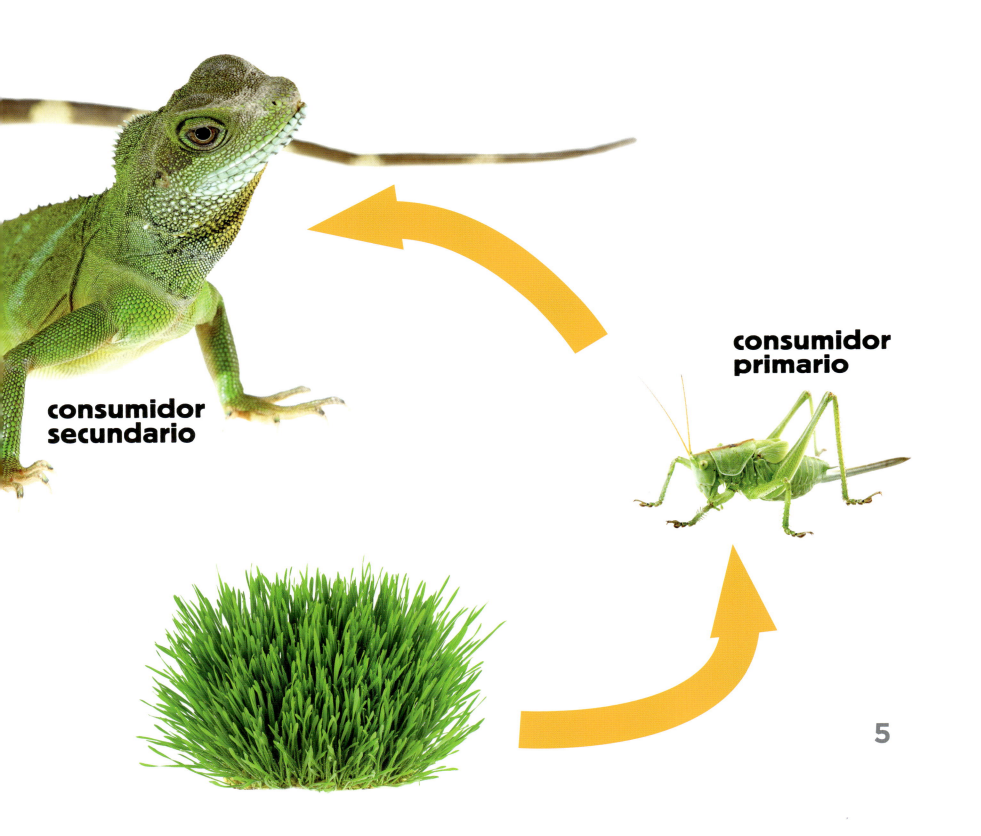

Los consumidores son seres vivos. Todos los seres vivos necesitan energía para sobrevivir. Obtienen esta energía de los alimentos.

7

Consumidores primarios

Hay tres tipos principales de consumidores. Los herbívoros son consumidores primarios. Solamente comen plantas.

Las ovejas y los conejos sólo comen plantas.

Consumidores secundarios

Los omnívoros y los carnívoros son consumidores secundarios. Los carnívoros sólo comen carne. Los lobos y los halcones son carnívoros.

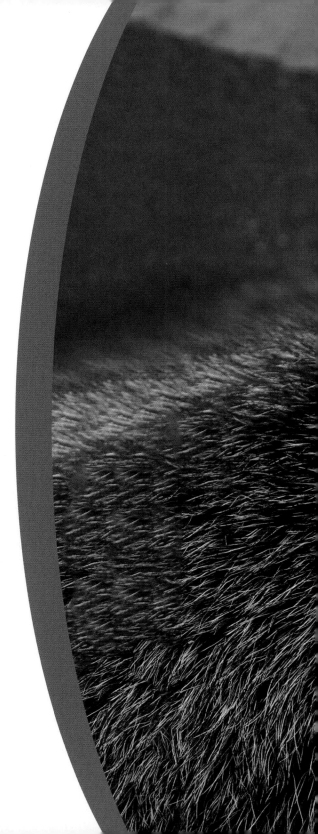

Los omnívoros comen plantas y carne. Los mapaches y los chimpancés son omnívoros.

Consumidores especiales

Los **descomponedores**, los carroñeros, y los **detritívoros** son una clase especial de consumidores. Los detritívoros y los carroñeros comen plantas y animales que ya están muertos.

Los buitres son carroñeros. No matan a sus presas. Se alimentan de animales que ya están muertos.

19

Los **descomponedores** ayudan con la descomposición de la materia orgánica restante. Las bacterias y los hongos son descomponedores.

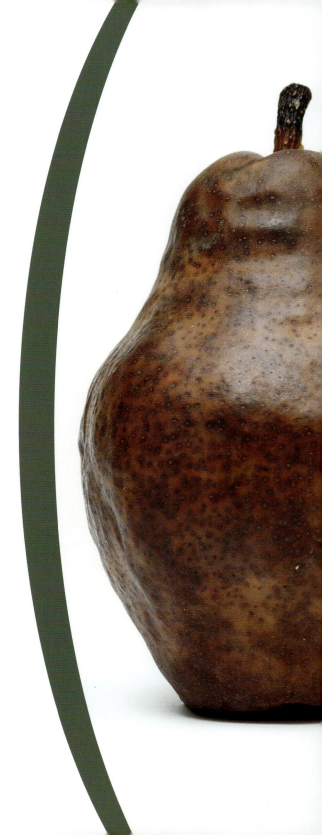

21

¡A repasar!

- Los organismos consumidores son seres vivos que no pueden crear su propia comida.

- Los consumidores primarios solamente comen organismos productores primarios, es decir, plantas.

- Los consumidores secundarios son los omnívoros y los carnívoros.

- Los **descomponedores** son una clase especial de consumidores. Descomponen los desechos.

Glosario

descomponedor - organismo que descompone la materia orgánica muerta, por ejemplo bacterias u hongos, a veces después de que un carroñero haya terminado con ella.

detritívoro - tipo de organismo descomponedor que come materia orgánica muerta y la digiere internamente para obtener nutrientes.

ecosistema - comunidad de seres vivos en conjunto con su entorno.

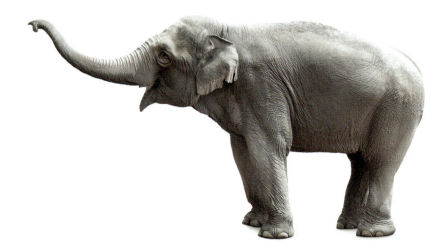

Índice

carne 12, 14, 16, 18

carnívoros 12

carroñeros 16, 18

consumidores primarios 8

consumidores secundarios 12, 14

descomponedores 16, 20

detritívoros 16, 18

herbívoros 8, 10

omnívoros 12, 14

plantas 8, 10, 14, 16

¡Visita nuestra página **abdokids.com** para tener acceso a juegos, manualidades, videos y mucho más!

Los recursos de internet están en inglés.

Usa este código Abdo Kids

BCK8923

¡o escanea este código QR!